Para: ______________________

De: ______________________

Edição: Lidia María Riba
Colaboração editorial: Jorgelina Lattaro – Cristina Alemany
Direção de arte: Trini Vergara
Desenho e ilustrações: Raquel Cané
Tradução para o português: Sandra Martha Dolinsky

www.livropresente.com

Rua José Felix de Oliveira, 1205 – CEP 06708-645
Bairro Granja Viana – Cotia – São Paulo – Brasil
Tel./Fax: (55-11) 4612-2866
editoras@livropresente.com.br

ISBN 85-7683-071-X

Impresso na Argentina por Verlap
Printed in Argentina

Riba, Lidia María
Amo você, mãe / Lidia María Riba [desenho e ilustrações Raquel Cané; tradução para o português Sandra Martha Dolinsky].
Cotia, SP: Vergara & Riba Editoras, 2007.
Título original: Te quiero, mamá.
ISBN 85-7683-071-X
1. Literatura argentina 2. Mães e filhos
I. Riba, Lidia María. II. Cané, Raquel. III. Título.
06-9714 CDD-ar868
Índices para catálogo sistemático:
1. Mensagens de filhos para mães: Escritos vários: Literatura argentina ar868

Amo você, Mãe

V&R
EDITORAS

Porque seu olhar emocionado foi a primeira coisa
que meus olhos encontraram ao se abrirem para a vida.
Porque não importa onde se encontre,
você sempre está perto de mim.
Porque sua fé em mim me levou
a lugares que julguei impossíveis.
Porque seus braços são fortes para me sustentar,
suas mãos são generosas para entregar,
suas palavras são acertadas para me aconselhar,
seus silêncios são sábios para me confortar,
sua paciência, infinita para me compreender.
Porque você é o espelho seguro de minhas alegrias
e refúgio secreto de minhas tristezas.

Porque aprendi com você a ser melhor e a viver melhor,
a lutar por mais e não me conformar, a entregar-me
sem condições ao que amo e àqueles a quem amo.
Porque amo-a e confronto-a, e a desafio e testo,
para tornar a amá-la e começar de novo,
sabendo que sempre conto com você.
Por essas razões de hoje e por tantas que calo,
mas que você sabe, por tudo que lhe devo
e pelo que ainda compartilharemos,
como não lhe dizer muitas vezes...
amo você, mãe.

L. M. R.

Sou a mulher que sustenta o céu.
O arco-íris passa por meus olhos.
O sol abre passagem até meu ventre.

Poema dos índios Ute

A mãe conseguiu
fazer seu filho dormir.
Uma obra-prima de suspiros,
de pequenas palavras,
de ameaças, de mimos,
de doces cançõezinhas,
de vontade, de instinto...

Baldomero Fernández Moreno

Quando tudo o que é passível de amar e esquecer
nesta vida vos houver abandonado, ela, vossa mãe,
abrirá seus braços sempre amantes, para receber-vos neles,
como uma pomba estende suas asas para abrigar
seus filhotes, por mais afastada, por mais distante
que esteja de vós, mesmo que tenha que atravessar
o mundo inteiro para receber-vos.

Pedro B. Palacios

uma pequena vida

Minha mãe tinha um corpo magro e pequeno,
mas possuía um grande coração: um coração tão grande
que as alegrias de todo o mundo encontravam
nela as boas-vindas e a hospitalidade.

MARK TWAIN

O coração de uma mãe é o mais lindo lugar para um filho e o único que não pode perder, mesmo quando ele já tiver cabelos brancos. Em todo o espaço do Universo existe só um coração como esse.

Adalbert Stifter

A relação mãe-filho é paradoxal e, em certo sentido, trágica. Exige o amor mais intenso da parte da mãe e, porém, esse mesmo amor deve ajudar a criança a crescer até ser totalmente independente dela.

ERICH FROMM

Mamãe queria que eu tivesse suas asas para voar como ela jamais tivera coragem de fazer. Adoro-a por isso. Adoro que ela tenha desejado dar à luz suas próprias asas.

ERICA JONG

o mundo para ela

O quintal com uma só vida,
minha mãe no centro
grande chefa da bondade
e da justiça.
O céu
como um cachecol
para aquecê-la.
O mundo para ela,
porque ela o inventou.

Carlos Enrique Urquía

Mãe... São três letras apenas
As desse nome bendito:
Também o céu tem três letras
E nelas cabe o infinito

Para louvar a nossa mãe,
Todo bem que se disser
Nunca há de ser tão grande
Como o bem que ela nos quer

Palavra tão pequenina,
Bem sabem os lábios meus
Que és do tamanho do Céu
E apenas menor que Deus!

Mário Quintana

três letras apenas

Ser mãe a transforma em mãe de todas as crianças. A partir desse momento, cada criança ferida, abandonada ou assustada é seu filho. Você vive nas mães de todas as raças e de todos os credos, e chora com elas quando sofrem. Desejaria poder consolar a todos.

CHARLOTTE GRAY

Você sempre será uma criança

Você sempre será uma criança enquanto tiver uma mãe a quem recorrer.

SARAH JEWETT

modelos para eles

O melhor que nós, mulheres, podemos fazer por nossos filhos, é estar inteiras e dispostas, porque sempre somos modelos para eles.

Silvia Solomonoff

Não amei ninguém em minha vida como minha mãe, tão sem reservas e apaixonadamente; ninguém mais venerei e admirei. Era para mim o Sol e a Lua.

Hermann Hesse

Os primeiros anos de minha vida passei junto ao fogo
da cozinha de minha mãe e de minha avó,
vendo como essas sábias mulheres, ao entrar no sagrado
recinto da cozinha, transformavam-se em sacerdotisas,
em grandes alquimistas que brincavam com a água,

o ar, o fogo, a terra, os quatro elementos
que configuram a razão de ser do Universo.
O mais surpreendente é que o faziam da maneira
mais humilde, como se não estivessem fazendo nada,
como se não estivessem transformando o mundo
pelo poder purificador do fogo, como se não soubessem
que os alimentos que elas preparavam e que nós comíamos
permaneciam dentro de nossos corpos por muitas horas,
alterando quimicamente nosso organismo,
nutrindo nossa alma, nosso espírito, dando-nos identidade,
língua, pátria. Foi ali, em frente ao fogo, que recebi
de minha mãe as primeiras lições sobre o que era a vida.

LAURA ESQUIVEL

o poder purificador do fogo

Não há limites para a capacidade do coração de uma mãe. Nascem mais filhos e seu coração se expande. Há momentos em que é tal o amor que você acredita que vai explodir. Mas não, simplesmente, o coração se estende e ama mais.

YASMINE LE BON

Você tem uma mensagem especial a entregar, uma canção especial a cantar, um ato especial de amor a realizar. Essa mensagem, essa canção e esse ato de amor foram concedidos somente a você. Exclusivamente a você.

JOHN POWELL

uma canção especial

As mulheres sabem como criar crianças: têm esse talento natural, simples e alegre para amarrar faixas, calçar sapatinhos de bebê, e depois enlaçar doces palavras sem sentido dando-lhes pleno sentido à força de beijos.

ELIZABETH BARRETT BROWNING

Aquele que aceitasse continuar falando, ternamente,
sem que lhe respondessem, adquiriria uma grande maestria:
a da mãe.

ROLAND BARTHES

as mães são únicas

Minha mãe me deu ao mundo
de maneira singular
me dizendo uma sentença
pra eu sempre pedir licença,
mas nunca deixar de entrar...

CAETANO VELOSO

Muitas das coisas mais lindas da vida,
as rosas, as estrelas, o pôr-do-sol, o arco-íris,
os irmãos e os primos, vêm em dois, em três,
em dúzias ou até em centenas.
Mas as mães sempre são únicas.

KATE DOUGLAS WIGGIN

Algumas mães beijam e outras dão uma bronca,
mas todas demonstram assim seu amor, e a maioria delas
dá uma bronca e beija ao mesmo tempo.

PEARL S. BUCK

As mães deste mundo merecem o maior respeito
por terem o maior poder e a maior responsabilidade:
fazer surgir e nutrir vida nova.
A prosperidade de cada família, cada sociedade ou nação,
até mesmo do mundo inteiro,
em última instância, descansa sobre seus ombros.

MARINA PACHECO

nutrir vida
nova

a curiosidade

Quando seu filho nascer, cuide não somente de se transformar em mãe, mas também de se transformar em menina.

DOGEN

Acho que se nós, mães, pudéssemos pedir a uma fada madrinha que concedesse um dom realmente útil a nosso recém-nascido, pediríamos que lhe concedesse a curiosidade.

ELEANOR ROOSEVELT

Muitos podem organizar uma casa,
mas só uma mãe pode construir um lar.

JAMES R. LOWELL

Não me importa o que digam os médicos:
sei que é melhor que a mãe e seu filho estejam juntos...
As mães de hoje estão perdendo duas das maiores bênçãos
que Deus concedeu a uma mãe:
o prazer de dormir com seu filho e amamentá-lo.
Uma proximidade que não pode ser compreendida
se não for vivida. Como poderemos apoiá-los mais adiante,
se começamos suas vidas afastando-os de nós?

VERMA M. SLONE

construir

um lar

Minha pequena amor, amantíssima,
duas vezes me deu à luz;
uma, de seu útero, doce mãe minha;
outra, de sua alma, para ser
livre de todo coração.

D. H. Lawrence

O essencial é saber que as mães estão ali, especialmente durante a idade em que tentamos, paradoxalmente, nos separar de sua influência.

Margot Fonteyn

as mães estão ali

em minha solidão

Estar sempre disponível sem estar todo o tempo presente
é provavelmente o melhor papel
que uma mãe pode desempenhar.

LOTTE BAILYN

Aperto sua mão, mãe, e seu contato está comigo
em minha solidão.

RABINDRANATH TAGORE

A capacidade de engendrar vida,
de garantir a continuidade da espécie, de preservar o essencial
da condição humana, outorga à mulher a intuição natural
de saber tudo, ainda que não saiba que sabe.

Augusto Roa Bastos

As mães são os filósofos mais instintivos.

Harriet Beecher Stowe

A mulher partiu o pão em dois pedaços
e os deu às crianças, que comeram avidamente.
– Não pegou nada para ela – murmurou o sargento.
– Porque não está com fome – disse um soldado.
– Não, porque é uma mãe – respondeu o sargento.

VICTOR HUGO

Você nunca será tão alta quanto quando
se agacha para ajudar seu filho.

PITÁGORAS

u m a m ã e

confiança

Aquele que se sentiu o inquestionável ídolo de sua mãe mantém por toda a vida a sensação do conquistador, essa confiança no sucesso que com freqüência leva a atingi-lo.

SIGMUND FREUD

Minha mãe me deu de presente um amuleto quando eu era pequeno, para que me desse segurança. Serviu até que percebi que a segurança que eu sentia emanava dela.

ALEXANDER CRANE

Fosse eu Rei do Mundo,
baixava uma lei:
Mãe não morre nunca,
mãe ficará sempre
junto de seu filho
e ele, velho embora,
será pequenino
feito grão de milho.

CARLOS DRUMMOND DE ANDRADE

mãe ficará sempre

Outros livros para presentear

UM PRESENTE
PARA MINHA MÃE

UM PRESENTE
PARA MEU PAI

UM PRESENTE
PARA MINHA FILHA

UM PRESENTE
PARA MEU FILHO

Sua opinião é muito importante para nós!

Escreva-nos um e-mail para opiniao@livropresente.com.br
com o título deste livro no "Assunto".".